DRESS CODE
EMPRENDIMIENTO

2ª Edición 2021.
Diseño editorial y diagramación: @maximaediciones
Diseño portada: Marketnova.
Ilustraciones e infografias: Stella Echavez A. @mxstelar
Edición: Natalia Mier, Lina P. Forero Martinez.
© Texto: Juan Pablo Mier.
Instagram: @dresscodeemprendimiento.
Web: www.juanpablomier.com
Bucaramanga, Colombia.

Agradecimientos:

A mi familia, que sin saberlo, se transformó en el fondo de inversión perfecto para crear negocios de todo tipo, desde helados a los 10 años, dulces y emparedados a los 14 años, coordinación de eventos y excursiones a los 17 años, suplementación y nutrición a los 21 años, la agencia de investigación de mercados "Marketnnova" a los 26 años y SuitupJuan a los 30 años.

Una mención especial a todos aquellos amigos y amigas, familiares, socios, empleados y colaboradores que creyeron y siguen creyendo con su trabajo y apoyo en todos los proyectos. Por último, mi gratitud a Dios, a la vida por enseñarme el valor del tiempo y el concepto único y escaso de oportunidad.

> *"El emprendedor mide el retorno de la inversión por la posibilidad de hacer aquello que lo apasiona de manera digna por un tiempo indeterminado"*

Si usted no se siente identificado con la premisa anterior, es porque lo suyo es la inversión o el comercio, pero no el emprendimiento.

Contenido

Introducción

Este libro procura contar de manera explícita el paso a paso para la creación de una empresa; entonces, no es más que una narración de acciones y hechos concretos que fueron decisivos para la consolidación de un emprendimiento.

Por supuesto, no quiere decir que los hechos descritos sean eficientes al cien por ciento si se realizan al pie de la letra, como si se siguiera una receta estricta para cualquier tipo de negocio. Sin embargo, si contempla una guía de pistas que seguro les ahorran tiempo y dinero. Como dice el viejo refrán, "aquel que aprende de los errores de sí mismo es prudente, pero el que aprende de los errores de los demás es realmente un sabio".

A continuación, usted se encontrará con un texto que narra dos años de vida de la empresa, desde la concepción de una idea de negocio hasta su consolidación como franquicia. Esos dos años de vida fueron de retos que se fueron superando, como la atracción de una audiencia, la creación de una marca, la monetización de un público, la creación de un inventario, la promoción por productos y la venta de una idea compilada.

Este libro contiene las respuestas a muchas de sus preguntas, si está considerando la idea de un emprendimiento; pero desde el inicio le aclaro que es una descripción de la hoja de ruta del autor, más no una fórmula mágica infalible; esta ruta es la que yo personalmente he caminado, he sufrido, he gozado, y sí, me trajo los resultados esperados.

Emprender es una experiencia personal donde se conjuga la persistencia, el carisma, la calidad, la paciencia, la inteligencia, la oportunidad y el servicio, condimentos básicos a la hora de realizar una receta para la creación de su idea de negocio.

El bautizo

En unas vacaciones por la época de diciembre, en esos tiempos muertos en los que poco tienes para hacer, las obligaciones no abundan y el reloj parece caminar en contravía al tiempo, surgió una idea algo extraña en su naturaleza y un poco absurda para la categoría.

Después de navegar por varios negocios y considerar algunas ideas, inicié un proceso de reflexión para relacionar un concepto con negocio que nos pudiera llegar a identificar de manera que nuestros conocimientos, recorridos y currículos se transformaran en un activo a comercializar.

En este proceso trabajé con una diseñadora de modas junto con un ejecutivo de ventas de una empresa. Juntos, descubrimos una oportunidad para incursionar en la categoría de moda masculina, ofertando productos de vestimenta clásica y etiqueta al hombre común.

Para ello, se realizó una investigación de escritorio, llevándome a escudriñar en internet contenido relevante con moda masculina. La búsqueda fue un poco infructuosa, pues no encontré mayor cosa – la mayoría de los contenidos estaban más direccionados a temas de moda femenina - y la ausencia de este contenido me emocionó, afianzándose la idea de estar en el camino correcto.

Ya que tenía definida la categoría en la cual se desarrollaría el negocio, ahora necesitábamos un nombre para darle significado a nuestra idea de negocio. Dimos inicio entonces al proceso creativo para bautizar la intención comercial; lo primero que pensamos fue en la necesidad de accesibilidad que la marca tenía que proyectar. Es decir, pretendíamos vestir de etiqueta al hombre común y con ese principio buscamos el más común de los nombres; después de ver varias listas y conocer nombres impronunciables descubrimos que desde la Argentina hasta México "Juan" es el más repetitivo y convencional de todos. Ahora nuestra meta era invitar a todos los "Juanes" del mundo a vestirse formal y hacerlos sentir cómodos con nuestra oferta de productos.

En ese ejercicio creativo recordamos al hombre que más cómodo habíamos conocido usando traje, salido de una exitosa seria de TV norteamericana llamada "How I Met Your Mother" recordamos al personaje de Barney Stinson" quien utilizaba todo el tiempo la frase: "Suit Up", para expresar que un hombre siempre debe vestirse de traje para ser exitoso en todas las facetas de la vida. De esta unión de conceptos se originó el nombre dirigido al hombre común con un nombre más que sonoro, estratégicamente elaborado y con la elegancia y estilo que da la televisión; así nació la marca por nombre "SuitupJuan".

Posteriormente el reto fue construir una imagen gráfica: muy bien se dice que todo entra por los ojos y algo que no sea estéticamente atractivo jamás será comercializado. Una imagen impacta de tal manera que incluso en algunas ocasiones solamente por el empaque de un producto decidimos comprarlo sin si quiera saber el contenido en su interior.

Se planteó un logo en blanco y negro con la intención de vestirlo de esmoquin, se usó un tipo de letra estilizado, delgado, de terminaciones largas, elegante y precisa en su escritura, con formas curvas y trazos perfectos, se acompañó de detalles característicos de la vestimenta como los son el corbatín y la corbata, exigencias de máxima etiqueta en cualquier evento, preparando el concepto para reflejar aquel compromiso con el buen gusto y se cerró con el eslogan "We bring the formal

Back" comprometiéndonos plenamente con el buen vestir.

Dato de interés:

"Para construir un nombre" existen 4 maneras:
-**Patronímicas** *usando el nombre de sus fundadores tipo Ford, Walt Disney, Dell.*
-**Toponímicas**, *según el lugar de origen tipo Universidad de Palermo, Agua Villavicencio. Contracciones tipo IBM (International Business Machines).*
-**Descriptivas** *que cuentan lo que va a encontrar tipo Best Buy.*
-**Fantasía**, *creadas sobre el absurdo y sin sentido, tipo Amazon o Fanta.*

Sin importar cuál use para crear su marca es importante que ésta represente tanto para usted como para los consumidores.

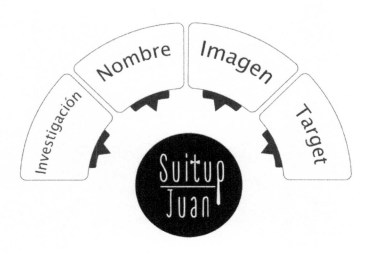

Aportar , ayudar y explicar;
La estrategia en 4 meses

Cuando se inicia un negocio, las preguntas claves que se hacen son las siguientes: ¿Cómo promocionar mi producto? ¿En dónde pautar? ¿Por dónde iniciar? Nosotros determinamos una estrategia diferente. Iniciamos realizando contenido educativo, con la intención de construir una comunidad de a poco.

Es decir, empezamos una serie de publicaciones en redes sociales, que pretendían enseñar a las personas las pautas para vestirse mejor según las posibilidades de cada quien. Utilizamos herramientas como consejos, tips o sugerencias al respecto.

Las redes sociales seleccionadas fueron Facebook e Instagram.

Facebook nos da la posibilidad de pautar artículos y contenidos relevantes con la opción de conversar al respecto, creando un diálogo fluido entre los visitantes y los creadores, razón por la cual consideramos como la mejor alternativa una "FanPage" que además le permite al propietario sacar ventaja de todas las herramientas disponibles que ofrece la red social para seguimiento a clientes. De manera simultánea usamos Instagram procurando sacar ventaja de las alternativas de manejo de filtros y manejo fotográfico, que ilustran más que bien el concepto de moda que aspirábamos difundir y es ideal para la creación de catálogos de productos físicos.

La estrategia en las Redes Sociales: Se realizaban 3 publicaciones a la semana, la mayoría de estas en horas de la noche entre 8 pm y 11 pm aprovechando el tiempo libre de las personas trabajadoras que deben asumir una posición y vestuario formal por requerimientos laborales.

Cuando el contenido se hizo monótono cambiamos de

estrategia y pasamos a aconsejar sobre formas de vestimenta según la época del año, con temas tipo vacaciones, cenas familiares, fiestas de fin de año, temporada de playa o según marcara el calendario.

El contenido se hacía masivo de a poco, mes a mes, crecíamos más o menos al 60%, iniciamos con 120 seguidores y el contenido de calidad de las publicaciones fue haciendo su trabajo. Sólo se comunicaba con la intención de enseñar, nunca de vender, siempre con ganas de ofrecer, nunca de ganar algo a cambio.

Además del contenido constante, nosotros, los creadores de la marca, usamos nuestros perfiles personales para darle dinamismo y crear debates (éramos nosotros contra nosotros mismos), exponiendo otros puntos de vista desde diferentes nombres con la intención que el intercambio de ideas y las opiniones diversas animaran a otros a opinar y solicitar ayuda en cuanto a su vestimenta.

En el cuarto mes de generación de contenido, un día inesperado   una persona vinculada al grupo que ya estaba por los 400 seguidores envió un mensaje por *inbox* pidiendo ayuda sobre la ropa que usaría en el grado de una de sus sobrinas y confiaba en nosotros para aconsejarlo al respecto. En ese momento entendimos como debíamos manejar la comunidad y que tipo de productos podríamos vender más adelante. Desde ese momento la premisa fue **aportar, ayudar, explicar** y **proveer** de conocimiento a todos los involucrados sobre moda masculina en toda su categoría.

Dato de Interés:

Para construir contenido, la mejor referencia es dirigirse a los lectores en tono de "tu", contar experiencias personales, compartir situaciones en las cuales el lector se sienta identificado no por la situación exacta, sino por los sentimientos que despierta cuando lee lo acontecido. La intención de la venta debe venir mucho después, primero se debe ganar la confianza con conocimiento y servicio.

La monetización
de nuestro público:

El código y la elegancia.

Mientras continuábamos con nuestra construcción semanal de artículos, gráficas, comentarios, videos y fotografías, los mensajes solicitando asesoría continuaban llegando y el grupo crecía orgánicamente; sin pago a Facebook para buscar seguidores, solo se apalancaba en el voz a voz que se generaba entre los vinculados.

Estas personas por lo general eran jóvenes entre 22 y 45 años, que apreciaban el diseño, de habla hispana, la gran mayoría de Colombia, y otras personas que residían fuera del país, puntualmente un pequeño grupo en Panamá, y de hecho, fue desde este país de donde nos llegó la luz.

Una mujer se contactó por Inbox y comentó que en el fin de semana tenía una fiesta casual en la playa, y que para ella era una ocasión muy importante. Estaba preocupada porque su novio no sabía cómo ir vestido y ella tampoco tenía claridad en qué ropa usar para acudir a este evento y conservar la etiqueta, el código de vestuario adecuado para la ocasión.
La seguidora nos pidió ayuda con relación a la vestimenta de su novio y nos recordó algunas publicaciones realizadas en la temporada de verano meses atrás en donde sugeríamos algunas opciones de etiqueta para clima cálido, playa y vacaciones. Debido a esto le compartimos información y la asesoramos pensando que la conversación había llegado a su fin.

Al día siguiente, la misma persona se contactó con nosotros y nos comentó que pasó gran parte del día buscando las 4 prendas que componían la recomendación de vestimenta para hombre, pero que no logró encontrar nada parecido, razón por la que nos solicitó muy amablemente que buscáramos la ropa por ella, se la compráramos y se la revendiéramos, servicio por el cual estaba dispuesta a pagar hasta el 25%

adicional de la factura total de la ropa, más el envío a su país desde Colombia.

La fiesta era el fin de semana y la solicitud fue el lunes. Hicimos todo lo posible por conseguir las prendas y las conseguimos, pero no contamos con que el despacho no llegara a tiempo, razón por la que terminamos sin clientes que estuviesen dispuesto a pagar por el servicio.

De esta experiencia nos quedó la pérdida de la compra de la ropa, pero descubrimos que podíamos monetizar nuestra idea de negocio y que además las personas del grupo consideraban que ya teníamos la credibilidad necesaria para hacer negocios con relación a moda masculina.

Con esa experiencia comenzamos una búsqueda exhaustiva de productos, pretendiendo artículos fáciles de transportar, de requerimiento constante para un grupo de personas que compran por impulso, con un costo no mayor a 25 dólares por unidad, con el argumento de moda y de uso exclusivo para hombres.

Dato de interés:

Para lograr una transacción necesita tener el conocimiento o producto que otro desea, una misma moneda de cambio, un canal por el cual se produzca el intercambio monetario y un medio de entrega.

Los Primeros Mil Seguidores
y la regla del **90/9/1**.

La meta fue cumplida en el tiempo de 10 meses y logramos construir una comunidad de mil personas en Facebook, ahora la intención era de monetización considerando la regla del 90/9/1.

La regla del 90/9/1 considera que de cada 1000 usuarios 900 ven el artículo, 90 interactúan de manera mínima y sólo 10 interactúa con intención de compra, con lo cual considerando nuestra población de 1000 seguidores nuestra esperanza de venta era de más o menos 90 productos para ese público según el pronóstico matemático descrito.

Como es obvio, nuestra principal debilidad era la poca cantidad de prendas y el gran esfuerzo que debíamos hacer para conseguirlo, razón por la cual nos enfrentamos al reto de transformar el producto escaso en nuestro diferencial.

Así, creamos un concepto desde la escasez, pero nunca como argumento limitante, sino como motivador a la compra inmediata, es decir construimos una oferta de valor que nos ubica como seleccionadores de artículos para hombre, que pretende sacar máximo 100 artículos por colección entre los cuales el 75% son corbatas, el 15% son corbatines y el 10% son mancornas (gemelos).

La selección tardó alrededor de 30 días y la búsqueda se realizó por diferentes tiendas en el mundo, toda la mercancía fue consolidada en un sólo punto neutro con el uso de multiplataforma de compra digital, el despacho utilizado para la entrega fue el más económico y el tiempo que tardó la mercancía en llegar se usó para hacer campaña de expectativa con la comercialización del producto.

El producto llegó al país y ahora era necesario vestirlo, por esto trabajamos en la creación de un empaque. Simultáneamente realizamos un seguimiento a otras marcas que usan el mismo concepto de exclusividad y descubrí un material idóneo, económico y que permite al logo de la compañía destacarse. Los empaques tardaron 15 días en estar listos y el paso a seguir fue conseguir el mecanismo de entrega y lograr un tiempo de garantía que respondiera con eficacia y seguridad. Esta acción condujo a la negociación con un servicio de mensajería que procura 48 horas como tiempo máximo para satisfacer al cliente.

En ese momento por primera vez se tenía reunidos productos, empaques, mecanismos de entrega y central de pagos. El paso a seguir era la recopilación fotográfica.

Para las fotos se tomó una caja de cartón y se forró en su interior con papel blanco a tensión, se instaló una luz blanca en la parte superior y se procedió a experimentar con diferentes ángulos para ver la forma de exposición para el producto.

Las imágenes logradas eran frescas, cálidas, exponían el producto de manera clara y conservaban la intención de comunicación y exclusividad.

Dato de interés:

Para construir la fotografía de producto deben tenerse todos los elementos que van a interactuar de manera directa con el cliente, producto, empaque, cubierta, y envoltura, para asegurar que la imagen captada corresponda al artículo entregado y cumpla la promesa de valor en un 100%. El peor error que se puede cometer es usar filtros para embellecer la foto, pues el comprador sentirá que fue engañado, si su intención es comercial sea lo más realista posible.

900   90   10

La primera colección:
El momento esperado.

Se recibieron 50 artículos, cada uno de ellos seleccionado para agradar a la mayoría de la masa lograda y cautivada en la red social, con la intención de presentarlos como elegantes, asequibles y adecuados para la inmensa mayoría de las personas pertenecientes al grupo.

Los artículos se asociaron a momentos convencionales y tradicionales, es decir se usaron conceptos como "ideales para usar en el trabajo" "qué esperas para dar un buen regalo" "conoce la mejor opción para verte diferente". Cada uno de estos conceptos agrupan el deseo de muchas personas y los identifican en situaciones cotidianas que sitúan a nuestros servicios como la mejor opción, pero no por la calidad de los productos o servicios que los usuarios desconocen, sino porque inducimos al cliente a considerarnos dentro de sus opciones con la frecuencia de publicación y comunicación.

Además de los contenidos inducidos con relación a conceptos generales, se hizo seguimiento a los miembros del grupo intentando descubrir quiénes de las personas que se encontraban vinculadas e interactuando eran los que más motivaban a los demás a opinar, al identificar a estas personas a cada una se le envió como regalo uno de nuestros artículos, de los 50 artículos se destinó el 10% como obsequio, es decir 5 de ellos. Las personas que recibieron los regalos se sintieron halagadas, importantes y fueron los primeros difusores de la calidad de nuestros productos y los primeros que destacaron la conveniencia de los mismos, animando a otros a conocer los artículos de nuestra colección.

Finalmente, los productos comenzaron a venderse, se usaron campañas pagas en Facebook cada una del máximo el precio de venta de uno de nuestros artículos y por campaña se lograban conseguir alrededor de 5 ventas, es decir, por cada $43.000 COP ($ 15.00 USD) invertidos lográbamos reunir $43.000 x 5= $215.000 COP (71.00 USD).

Los costos de publicidad se integraron a los costos de la compañía; se realizaron en total 5 campañas en un tiempo de 30 días, plazo en el cual se logró vender las 45 unidades restantes – sacando de la cuenta lo que se regaló a influenciadores - En el proceso de venta se aseguraron 5 cosas sin importar los costos que esto acarreara.

La primera, que los clientes recibieran el producto en el tiempo prometido. La segunda, que el producto entregado fuera el seleccionado. La tercera, que si existía inconformidad se regresaría inmediatamente el dinero. La cuarta, que se hablaría como una marca siempre, nunca a título personal sin importar quién realizaría la venta y la quinta, y más importante, entender que la intención de la primera colección no es ser rentable, sino que la mayor cantidad de personas conozcan la marca.

Las ventas fueron un éxito. Sin la intención primaria de vender, cuando se trabaja por un ideal más grande que el dinero o la rentabilidad los resultados siempre serán mayores al beneficio económico. Un negocio lo hace cualquiera con capital; una empresa la construye alguien con paciencia y dedicación que aspira a más que una ganancia porcentual establecida en el precio de un artículo.

Dato de interés:

Para determinar a quién regalarle los productos usamos varios programas de internet que usan los perfiles sociales y al botón "regístrate" determinan de los amigos o vinculados quienes son los que generan mayor interacción, de estas personas se seleccionó a los 5 primeros y se estableció un contacto con cada uno de ellos.

El segundo pedido:

Enseñanza, amor y amistad.

Con el primer pedido se lograron varias mediciones que fueron trascendentales para el negocio entre las que se destacaron el tiempo en el que se demora vender un producto, quiénes son los primeros clientes, cómo se origina una promoción y qué tipo de difusores son trascendentales para el negocio, esto referente a la comercialización.

Con relación al producto se logró entender la tendencia de consumo, qué tipo de artículos son más fáciles de comercializar, cuáles son los más vendidos, para qué ocasión son buscados y quiénes son los compradores. Esta información nos permitió construir los cimientos del segundo pedido con un solo objetivo: vender la misma cantidad de producto en un tiempo menor haciendo la misma cantidad de dinero pero más rápido.

El plan era sólido y concreto, sin embargo subestimamos un detalle para lograr monetizar el primer pedido; construimos una comunidad con más de 1000 usuarios con los que se trabajó 1 año con contenido relevante para transformarnos en su mejor opción; el segundo pedido no tenía la misma maduración ni tampoco la misma comunidad, dejándonos una gran enseñanza.

La comunidad construida ya había sido monetizada en la proporción posible, y era necesario, además de vender, conseguir un número determinado de nuevos vinculados a la comunidad, trabajar con ellos con contenido, construir una relación y posteriormente monetizar. Como el proceso no se realizó en este orden las ventas fueron muy lentas pasando de un promedio de casi 7 artículos semanales a 3.

La meta de lograr vender la misma cantidad de producto de manera más rápida parecía cada día más lejana, sin embargo la luz al final del túnel brilló como faro y las ventas se activaron de manera ridícula.

No fue un acto planeado o deliberado, pues el pedido se construyó para el mes de septiembre y nuestros productos para hombre a un precio asequible se transformaron para el 19 del mes en la mejor opción de regalos para la fecha de amor y amistad. Entre los oficinistas y ejecutivos el precio era muy razonable, lo que nos ubicó como una excelente alternativa y el calendario con su magia y una fecha consumista salvaron la jornada.

Sin embargo el reto fue todavía más grande, pues los pedidos se acumularon en 9 días, la atención debía ser constante y la entrada de dinero y despachos tenían que tener una coordinación perfecta; debíamos entregar casi que de manera simultánea todo el producto existente, razón por la cual enfrentamos el primer cuello de botella (Se entiende por cuello de botella aquel acontecimiento que represa el flujo normal de la actividad del negocio causando retrasos en entregas, recaudo o rotación).

Dato de interés:

Para lograr ventas similares en un tiempo menor al del primer pedido aspire a tener contacto con por lo menos el doble de las personas contactadas que cuando se realizó la venta de las primeras unidades, además debe construir un calendario considerando las fechas comerciales, que son un colchón ideal para aumentar tus ventas, y organizar pedido, facturación, almacenaje y entrega.

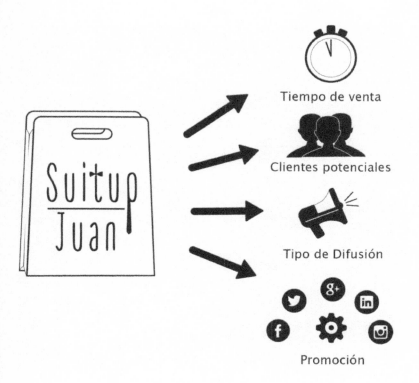

Tiempo de venta

Clientes potenciales

Tipo de Difusión

Promoción

El primer cuello de botella:
Mojarse en el negocio.

La tercera semana de septiembre con el día del amor y la amistad tan próximo se desató la locura. En Colombia además se acostumbra a jugar al "amigo secreto", una dinámica que consta de meter los nombres de todos los de la oficina en una bolsa, de manera aleatoria cada quien saca un nombre y debe a esa persona entregarle un regalo al final del mes como muestra de cariño.

Este juego tiene una gran acogida entre las personas y el monto del regalo no supera $50.000 COP (alrededor de 18 USD), debido a esto nuestros artículos que se encuentran en este intervalo de precio eran una gran alternativa.

El problema no es que nuestros productos fueran una opción viable, sino que todos los interesados la consideraron viable de manera simultánea. Al tener el servicio de entrega y mensajería sub contratado no conocíamos la capacidad de cobertura ni de atención simultánea, razón por la que en un sólo día existieron alrededor de 20 entregas en diferentes puntos de la ciudad y todos con el requerimiento de hacerlo previo a las 12 del día, pues en la tarde o en el almuerzo se entregarían los regalos.

Nos comprometimos con la entrega, porque a la voz de dinero la respuesta comercial siempre será afirmativa pero la dinámica era desconocida.

Los puntos de entrega eran un desastre, el caos entró por la ventana y era imposible decir que no y dejar de lado la responsabilidad, pues el cliente contaba con el producto, que tenía un significado emotivo, fraternal y de respeto por aquella persona que como fuera debía recibir su regalo de "amor y amistad".

Adicionalmente a esta fecha especial descubrimos que el

mes de septiembre es un mes de altos cumpleaños pues en el mes 9 del año festejan todos aquellos bebés resultados de las vacaciones de enero lo que también sumó más entregas y vértigo a la locura ya instaurada.

No obstante, nuestra respuesta se presentó con el carácter y el compromiso, sin importar que la empresa sólo llevara dos meses de operación en ventas, una etapa en la que se estaba construyendo marca y reputación. Su objetivo era cumplir y satisfacer a como diera lugar. Sin importar el costo se acordó un pago adicional con la compañía de entregas que prestaba el servicio armando rutas y el despacho, con todo y esto algunos lugares quedaron sin cubrir y en ese momento para desatar el cuello de botella fue necesario "mojarse en el negocio", no dejarlo en manos de terceros, incluso vestirse de mensajero.

Como dueño de la empresa, asumí estas entregas sin importar la zona el horario y el requerimiento. Desistí de mi tiempo libre y dejé de lado los privilegios de dueño, dirigiéndome a cada uno de los puntos apartados que hacían falta. Entregué en persona los pedidos y fue una excelente oportunidad para conocer a los clientes y asegurar su satisfacción.

Un negocio no se debe a sus operadores o colaboradores; es su líder, su dueño, el que debe demostrar con el ejemplo que nadie está más comprometido con la función de satisfacción que él, sin importar lo que esto le cueste.

Dato de interés:

Líder no es aquel que organiza desde atrás de un

escritorio, líder es aquel que cuando los recursos escasean el mismo se transforma en recurso.

La aceptación de los nuevos productos:

Riesgo, experiencia y resultados.

La pregunta que siempre hacen las personas que no saben de negocios es ¿en qué me recomiendas invertir? Y la respuesta no es más que la suma de la experiencia y el riesgo en diferentes campos que le permiten a aquel que realiza la acción poder recomendar según su experiencia, la coyuntura del momento y los resultados obtenidos y este fue nuestro caso.

Cuando salimos al mercado lo hicimos con un producto simple, masivo, de uso diario a un precio muy cómodo, con un empaque único, entrega a domicilio, acceso a punto de pago y garantía de despacho en máximo 48 horas. Pero llegó el momento de diversificarnos, que es igual a asumir riesgos. En primera medida nos fuimos por productos de la misma categoría, e incluso algunos sustitutos, realizando una diversificación en sentido horizontal, es decir productos de la misma gama para ocasiones similares por el mismo valor lo cual nos llevó a invertir nuestro dinero de la siguiente manera; 60% en corbatas, 30% en corbatines y 10% en mancornas.
Nuestras hipótesis eran que los corbatines como producto sustituto de las corbatas serian de gran demanda por la onda retro que reina en la moda por estos días y nos permitirían salir de este producto de manera rápida, transformándolo en el segundo más demandado de nuestra línea.

Por otro lado, suponíamos que las mancornas serían un producto de baja rotación, debido a que la mayoría de las camisas no cuentan con la posibilidad de su uso, los requerimientos son remotos ya que no todas las ocasiones lo ameritan y además la población interesada y conocedora no sería la misma que adquirió nuestras corbatas.

Los resultados fueron una verdadera sorpresa y cambiaron todo aquello que suponíamos y permitieron respetar en mayor medida el concepto de la "experiencia". Los corbatines

51

fueron un desastre, las ventas fueron mínimas, su uso fue el resultado de una moda pasajera a la que llegamos tarde, las unidades tuvieron una rotación escasa y nos encontramos con unidades apiladas en nuestra bodega. Sin embargo, las mancornas nos dieron la sorpresa, su demanda fue elevada, superando cualquiera de nuestras expectativas y la elección que hicimos de diseños basados en los súper héroes clásicos y argumentos como aviación, bicicletas, autos y diseños extravagantes fueron un acierto enorme. La rotación fue estupenda, su precio es superior a todos los productos en oferta, su ocupación de tamaño es mínimo y por lo general en su compra siempre se realiza otro pedido de algún otro artículo de nuestra selección.

Las mancornas nos ubicaron en la mente de nuestros consumidores incluso como una opción más exclusiva que las corbatas, consolidaron el discurso de marca y nos cambiaron la ecuación de proveedores, la cual ahora es 60% corbatas, 35% mancornas y solo 5% corbatines, esto mientras seguimos en la búsqueda de nuevas alternativas para sorprender a nuestros compradores.

Dato de interés:

La experiencia es la mejor consejera, las decisiones no se toman con la intuición sino desde la realidad de los números y el único experto que vale la pena escuchar es el mercado y tu caja registradora.

El segundo paso:

La formalización de una idea, retos más ambiciosos.

Después que una idea de negocio es probada en el mercado, la recomendación es la formalización, que resulta ser un paso contundente, pues es la transformación de un negocio en un concepto empresarial dispuesto a asumir responsabilidades y retos más ambiciosos que su supervivencia.

Unas empresas tardan más que otras en esta formalización, por lo general el tiempo está entre 5 y 8 meses de intervalo que le toma a los emprendedores descubrir el potencial y dar el salto: después de la legalización, el camino sólo tiene un sentido y es hacía adelante.

Nosotros como empresa sabíamos que éramos atractivos y que teníamos un mercado cautivo y entendimos las dinámicas del mercado; la formalización era el paso a dar para afrontar cotizaciones y solicitud de mayor proporción. Además era el camino a seguir si se proyectaba buscar nuevos participantes en el negocio. Para hacer crecer una empresa en su etapa de introducción al mercado existen 2 caminos: o cuentas con el potencial y músculo económico para invertir y esperar un retorno casi 14 meses después, o buscar socios que además de dinero tengan paciencia y visión de negocio.

Para hacer atractiva la propuesta es necesario no sólo contar con una estructura de negocio clara, ejercicio que se realizó en los meses anteriores demostrando lo atractivo de la propuesta, también es necesario contar con las condiciones de legalidad que le permitan aspirar a más.

Este sentido estricto de negocio que le brinda la formalidad además permite tener un margen de negociación más amplio para aquel que es emprendedor, pues demuestra que sin importar si consigue aporte de capital o no, el concepto continuará su camino. Para los inversores este argumento es crítico, pues ellos pretenden comprar una empresa por lo que es y esperan recibir dividendos de lo que va a llegar a ser.

Sin embargo, la apuesta del emprendedor es distinta ya que pretende con la inversión o nueva sociedad recibir recursos por lo que logró y además de vender la idea de lo que puede ser, los dos le apuestan a un valor futuro, uno como rentabilidad y el otro como un mayor activo.

Palabras más palabras menos ya no hablamos de tratar de vender un sueño, de algo que puede ser, ahora vendemos una *hipótesis* demostrada que cuenta con un potencial en el corto, mediano y largo plazo, lo que se quiere determinar es cuánto vale ese potencial.

Por otro lado mientras aquel que desea invertir se pregunta en qué proporción lo debe hacer y cuánto debe ofrecer, el emprendedor se debe preguntar ¿con quién prefiere asociarse? pues el dinero es el menor de los inconvenientes, las decisiones futuras y la alineación con aquel personaje determinarán el éxito de la propuesta; si en su concepto es imposible contar con un socio ideal, su mejor opción será el sistema financiero a quien sólo le tendrá que pagar intereses pero jamás opinará con relación al destino que usted pretenda para su compañía.

Dato de interés:

La formalización obliga al pago de impuesto, sólo hágalo cuando este seguro de continuar con su idea y al realizarlo pretenda la consolidación de recursos con la capitalización de ese nuevo activo (el activo es su empresa real con documentos) ahora que existe formalmente.

La búsqueda
de un " buen socio "

Regla básica.

A medida que la idea avanza y las cosas toman más forma en el mercado, las oportunidades brillan a lo lejos para aquellos que intentan proponer sociedades con el foco sobre el dinero. El argumento de la rentabilidad debe ser transversal a lo largo de todo el proyecto y es la regla básica bajo la cual se debe regir la compañía, sin embargo al inicio los instintos tienden a traicionar al fundador.

El primer prototipo de socio que surgió a lo mejor fue un gran amigo, absolutamente interesado en el producto, con capital y músculo financiero para adquirir un inventario relevante, con conocimiento de finanzas, manejo de mercancía y comercialización de productos en mercado real, una opción increíble si el único interés de la empresa fuera el dinero.

Como su potencial era de financiación, la información relevante para esta persona eran las unidades, costos, precio de ventas, rotación, tiempos de entrega, tipo de compra, opciones de crédito e inversión inicial. Sin embargo, en negocios como éste, las cosas no sólo valen por lo que suman las facturas, sino por lo que significan para los clientes adquiridos, valor casi que imposible de calcular en un balance.

Ahora bien, cuando se habla de un emprendimiento, también existe un valor superior y es el logro de demostrar el interés de un público específico por un producto, es decir, la opción de transformar una idea en un concepto que genera dinero y materializa un argumento comercial.

Posteriormente surge un segundo interesado que no se encontraba en el país; es un amigo que vive fuera y ha visto el negocio como cualquier otro cliente que se ha sentido atraído por el estilo, la marca, la imagen, las publicaciones, los comentarios de los clientes. Con experiencia en sector de venta de productos y servicios, experto en posicionamiento de marca, también en emprendimiento, con músculo financiero y el posicionamiento de un nombre como persona y marca en su país de origen.

La pregunta que en este instante nos quitaba el sueño era ¿Cuál sería la mejor opción?

Teniendo en cuenta las siguientes consideraciones y que hasta el momento la marca se manejaba sola y generaba el dinero para su manutención y continuidad, entonces quien tiene más dinero no es determinante, el nombre de ninguno de los dos socios suman más que el del propietario y ninguno de los 2 interesados está calculando el valor de la marca por lo que puede llegar a ser, que es el potencial que determinará su valor.

Si nos remitimos a la teoría del ciclo de vida del producto, que menciona que todo producto va desde el desarrollo, la introducción, crecimiento, madurez y declive, este producto por fin dejó el desarrollo, etapa de mayor inversión de tiempo y dinero, se encuentra ingresando en etapa de introducción al mercado, razón por la cual lo más importante es aumentar su valor de marca para que en etapa de crecimiento su valor sea superior por lo que representa e inspira.
Por estas razones **SuitupJuan** no se inclinó por ninguna de las opciones y la empresa continuó su camino de manera solitaria.

Dato de interés:

Una sociedad debe pensarse según la necesidad de la empresa, si su requerimiento es de efectivo para salvar su situación, esa debe ser su preocupación. Pero en unos meses si el socio no tiene nada más que ofrecer que dinero los problemas volverán y la empresa se irá en picada.

La sociedad debe sumar más en valor económico, debe incluir algo más que la simple rentabilidad del dinero, de lo contrario no es el socio indicado.

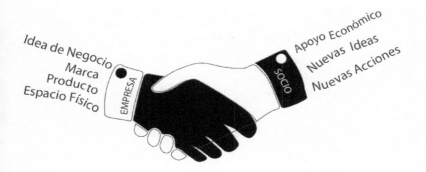

El fenómeno de la temporada de diciembre y su furor

La temporada de diciembre de 2016 llegó con toda su fuerza y considerando que es la época del año donde el consumo se dispara debido a la navidad como fecha especial para dar y recibir regalos. La empresa se preparó para asumir este reto, adquiriendo tecnología web, carrito de compras, inventario en línea y un empleado exclusivo encargado de mercadeo y seguimiento a clientes.

Para mediados de noviembre, llegó nuestro pedido de unidades, obviamente considerando el furor de la temporada triplicamos las unidades, consolidamos los productos exitosos y logramos un inventario considerable de corbatas, corbatines, mancornas y pines de solapa.

Los pines de solapa fueron nuestra nueva apuesta como producto complementario para la temporada navideña.

Los pedidos fueron inventariados, fotografiados y consolidada toda la información respectiva de los productos en formato digital, a cargo de una tercera persona, un programador web con la responsabilidad de tener la página lista para más tardar el 10 de diciembre y lograr abrir la temporada, acompañado por un artículo de blog promocionado y posteriormente, una acción de difusión con presupuesto pago de cada una de las categorías enviando a los interesados a la web y realizando la compra con tarjeta de crédito.

Este era el plan y se suponía el éxito de la temporada con la liquidación del inventario, el posicionamiento de la marca y la apertura del año.

Sin embargo, los planes trazados requieren acciones emergentes para llegar al éxito y los problemas iniciaron. El encargado de la Web no logró tenerla a tiempo y terminamos saliendo al aire con el portal para el 22 de diciembre, ¡a dos días de navidad!, las acciones previas de promoción se hicieron pero no a la magnitud planeada.

Los afanes y las carreras de la navidad no permitieron posicionar el inventario de manera correcta: de las 150 unidades disponibles de mercancía solo se vendieron 35 unidades, menos del 30% de las solicitadas y como si esto no fuera suficiente, el sistema de pagos colapsó y el carrito de compras fue un desastre, nadie pudo pagar con tarjeta de crédito y las quejas de los clientes llegaban más seguido que las solicitudes de compra, obligándonos a seguir con pago contra entrega o consignación bancaria previa, haciendo lo posible para continuar la comercialización de los artículos.

La temporada no finaliza hasta el 12 de enero, después de la fecha de Reyes el siete de enero, y el fin de semana de semana con lunes festivo. Como podrán entender nos quedamos con cerca del 70% del inventario, estábamos considerando liquidarlo antes de febrero, pero extrañamente los pedidos aumentaron.

Como si las personas quisieran llegar a su primer día de trabajo del año con un artículo nuevo, elegante y glamuroso, las llamadas y contactos nos inundaron las líneas salvando la temporada.

Algunas veces no se trata de que tan listo estás para salir, sino simplemente de salir a pesar de todo, pues para entender la temporada de diciembre y planear mejor todo, será necesario esperar 12 meses nuevamente.

Dato de interés:

Ninguna empresa sin importar que tan grande o majestuosa sea, estuvo preparada perfectamente para salir; la planeación disminuye el número de errores y problemas, pero las complicaciones siempre estarán presentes y son necesarias para conocer la operación.

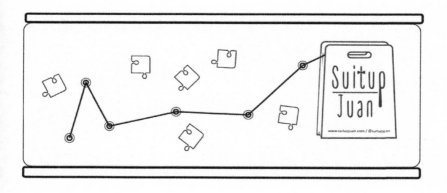

Una fecha inesperada

Mencionamos antes que la temporada navideña iba hasta el fin de semana largo de reyes, pues en algunos países se acostumbra dar regalos en los días. No obstante, en Colombia, esta no es una costumbre arraigada, y por ello nunca se pensó que esta época del año se generaran ventas. Los mensajes a las redes sociales, los contactos por la web y algunos interesados que ahora eran compradores activos comenzaron a crear una dinámica en exceso extraña e inesperada haciendo sonar la caja registradora de manera repetida.

La pregunta que nos atormentaba era ¿qué originó estas compras? Iniciamos una indagación entre los compradores, a lo que ellos mencionaron, "quiero llegar a mi primer día de trabajo usando algo nuevo". Esta absurda razón para algunos logró que del inventario que teníamos represado en algo más de 10 días lográramos vender el 50%, haciendo más rentable la semana de reyes que la semana de navidad.

Los argumentos que fueron una desventaja anteriormente no causaron ningún problema, las calles estaban vacías de tráfico, los mensajeros sin tantos requerimientos y el desplazamiento se lograba hacer en menor tiempo, los clientes tenían tiempo de ir a los puntos de pago y como tenían las tarjetas de crédito hasta el límite por la temporada de compras de navidad, preferían pagar todo en efectivo.

La organización de la empresa fue simple, constaba de tomar el pedido y organizar rutas para la entrega para lograr sacar el mejor provecho al desplazamiento en el menor tiempo. La rotación de inventario fue increíble, la expectativa de navidad se cumplió 10 días más tarde de lo previsto, pero lo hicimos. Ahora la pregunta que surgía era ¿qué tanto más durará esta tendencia de ventas? y ¿En qué momento será prudente lanzar la promoción de saldos? pues para qué hacer descuentos cuando el cliente sigue interesado en el producto.

Debido al crecimiento de los pedidos y a los inconvenientes que teníamos para lograr pasar las tarjetas de crédito y el carrito de compras, logramos una alternativa que se recomienda aquí., Instalamos la aplicación SAIL (http://www.sails.com. co/), una tienda electrónica que respalda la operación por Instagram pero de la cual no se es responsable; es decir, los usuarios pueden usar la pasarela de compra, el dinero llega a su cuenta y se paga una comisión relativamente baja.

Ahora bien, muchas de nuestras ventas eran de carácter informal, por lo que no estábamos realizando el cobro ni el pago del impuesto a las ventas conocido como el IVA, que en Colombia, lugar de este experimento equivale al 19%. Si señor está leyendo bien, no es ningún error de imprenta, es el 19%, que cuando se cobra y se paga se entiende perfectamente la ironía "apoyo" pues es imposible decir que se promueve la creación de empresa cuando todo producto sufre directamente un incremento de casi el 20%, reduciendo las opciones a las pequeñas y nuevas compañías Si consideramos la suma del cobro de impuesto más el adicional del cobro por el arriendo de la plataforma de pagos hicieron que del valor del producto solo nos quedara el 20% como utilidad, pero nos permitía atender clientes.

La plataforma SAIL es fácil de usar pero es un proceso un poco dispendioso, pues debían subirse todas las imágenes que teníamos en Instagram de una en una a la plataforma, copiando las URL y permitiendo el acceso a los clientes para que hagan el pago, labor que se realizó en los días siguientes de manera exitosa.

Las personas que ingresaban a la plataforma eran dirigidos

desde los mensajes de Inbox en Facebook o por el link de Instagram al canal de pagos, lo cual nos obligó a trabajar para aumentar nuestra base de seguidores en este formato, pues a la fecha toda nuestra energía estaba concentrada en Facebook y en aumentar el tráfico a nuestra web, razón por la que debimos crear contenido con características para Instagram, mejorar nuestra comunicación y buscar apoyo en programas de referidos o seguidores automatizados para aumentar nuestra población.

Dato de interés:

Acontecimientos inesperados positivos o negativos obligan al empresario a asumir estrategias emergentes, en las que no importa qué deba hacer, su única orientación debe ser la de garantizar el funcionamiento de su empresa y la satisfacción del cliente.

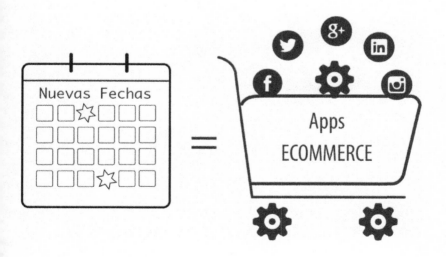

Entretener al público:
Un nuevo lenguaje.

El reto de Instagram nos tomó por sorpresa y fue necesario cambiar toda la comunicación de la empresa, anteriormente construimos una comunidad fundamentados en el argumento de tendencia para hombres en ropa formal, posteriormente segmentamos a la categoría de accesorios y finalmente concentramos toda nuestra energía en el concepto de corbatas, corbatines, mancornas y pines de solapa, para que, última etapa de nuestra estrategia denominada "de lo general a lo particular" se procurara la monetización de esa comunidad.

Ese público anteriormente mencionado, valoraba de manera radical el reportaje, la narración, la gran cantidad de imágenes y los comentarios al respecto; un hilo conductor que llevará por un viaje con la intención de aprender, conversar y discutir puntos de vista.

Las fotos no eran nuestra mayor fortaleza. Por el contrario, casi que las imágenes eran tomadas de otras fuentes y con ellas armamos historias y conceptos conjuntos que nos permitían contar el argumento de nuestra marca.

Para hacer la transformación fue necesario en primera medida comprender el lenguaje del nuevo canal de comunicación y lo hicimos conociendo las publicaciones y conceptos de otras marcas de ropa dedicadas a temas similares a los nuestros, que hablaban de accesorios, que eran de aspiración, que pretendían un concepto de lujo, que se dirigían a personas preocupadas por la moda y el buen gusto, que eran productos para hombres, pero perfectamente accesibles para ser pagados por cualquier tipo de cliente.

Con estos argumentos nos enfocamos en la fotografía del producto como primera medida: las imágenes debían ser nuestras y originales, limpias, cuyo único protagonista era el artículo y la marca. Los filtros debían ser dejados de lado y todo tenía que ser auténtico, genuino y real, pues esta red social era nuestra vitrina VIP de aquel gran almacén digital que teníamos creado en formato Web.

Las descripciones de las fotos eran simples: mencionan el nombre del producto y seguido de esto el precio y su disponibilidad según el área de entrega o cobertura del domicilio, las fotos debían ser subidas en horario de 9pm a 10pm, en lotes de máximo 6 productos para dar el tiempo a nuestros clientes de reaccionar, crear interacción y tendencias. Los comentarios debían ser respondidos en cualquier caso y se debía hacer con un código de etiqueta distinto, no procurando vender sino inspirar.

Adicionalmente a esto se buscaron actores, actrices, personajes reconocidos, y deportistas para seguir como púbico, se comentaban sus fotos mencionando nuestra marca y productos, y se acudió a una herramienta de aumento de seguidores por intercambio de likes con otros usuarios de la plataforma, con la intención de aumentar la confianza del grupo.

Estas herramientas deben ser usadas de manera correcta pues no puedes dejarte engañar de tu propio ego, es decir puedes lograr muchos seguidores, pero no sabes si estas personas existen, son computadores o simplemente no les interesa el producto. Esta herramienta debe ser usada con la intención de demostrar que muchos están a gusto con tus productos para que el público real sea el que interactúe, difunda y comente, es como cuando ves un partido de fútbol, no conoces ninguno de los 2 equipos, pero terminas apoyando aquel que va ganando.

Instagram fue una experiencia de conocimiento a nuestro público, con la intención de saber orientar nuestros productos en un lenguaje diferente, pero con la misma acción comercial.

Dato de interés:

Instagram es la mejor ventana para aquellos que comercializan productos, pues su enfoque está en la fotografía, el protagonista es el artículo y su lenguaje central es la adquisición.

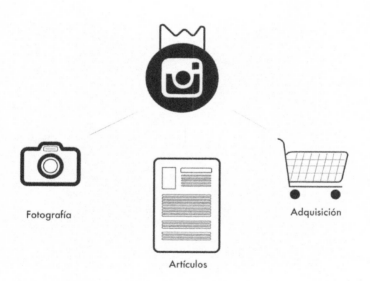

Fotografía

Artículos

Adquisición

Nueva colección

El tiempo pasó y llegó la hora de la nueva colección del año, ahora bien la pregunta era ¿Cómo seleccionar las unidades adecuadas? Para esto nos remitimos a la estadística. Lo que hicimos fue revisar las publicaciones de fotografías con mayor interacción y solicitud de compra para realizar la compra de unidades similares para crear la nueva selección.

Comparamos número de likes, comentarios, solicitudes de compra, interacción y por último las veces que fue compartida esa imagen entre los clientes y llegamos a la conclusión que cualquiera de nuestros productos adornados con "puntos" era la tendencia.

Corbatas con puntos, mancornas con puntos, corbatines y pines de solapa con puntos fueron los elegidos para componer el nuevo pedido. La selección fue basada en los datos de los clientes, nunca en la intuición o tendencias de temporada, entonces esperábamos que la respuesta fuera positiva y además masiva.

Pero la razón en los negocios no siempre la tiene los números y entendimos el concepto de "novedad".

La marca **Suitupjuan** fue una compañía que nació con la atención de enseñar a los hombres a usar diferentes accesorios convencionales para agregar estilo y elegancia a su día a día, sus productos pretendían sorprender a sus consumidores y traer al plano de la realidad aquel concepto aspiracional de moda, poniéndolo al alcance de cualquier bolsillo.

La nueva colección salió al mercado y como era de suponerse el 20% de las unidades fueron vendidas de manera inmediata por aquellas personas que de la colección anterior quedaron interesados en algunos productos, pero de un momento a otro casi que de manera fulminante las ventas se detuvieron. Las redes sociales se llenaron de mensajes y el argumento era el mismo "nos encanta la marca, pero ¿qué tienen de nuevo?" nuestras alertas sonaron y entendimos que los clientes no identificaron que era una nueva colección, pensaron que como los productos eran similares a los más vendidos de la temporada pasada, los nuevos artículos era una extensión del último pedido, pero que no correspondían a nada nuevo. La enseñanza fue rotunda, los nuevos pedidos deben ser compuestos por los productos más vendidos de la temporada pasada, pero más del 60% debe ser absolutamente nuevo, atrayendo al cliente por la novedad y respetando nuestra naturaleza innovadora.

Lo bueno en medio del estancamiento es que el pedido no fue muy numeroso y poco a poco logramos salir de todas las unidades. Ahora debíamos reorganizarnos, encontrar unidades sorprendentes y realmente deslumbrar a nuestro público, porque aquel que compra un producto aspiracional lo hace para transformar una ocasión convencional en un día único.

Dato de interés:

Las nuevas colecciones deben ser una combinación de 20% de productos exitosos de la colección pasada y 80% de productos novedosos. Si usted desea ser líder de mercado debe correr el riesgo. Si prefiere ser una marca más conservadora espera a ver que saca la competencia y copia su selección o tendencia.

Estadística

- ☑ Corbatas con puntos
- ☐ Corbatas sin puntos
- ☑ Corbatines con puntos
- ☐ Corbatines sin puntos
- ☑ Pines con puntos
- ☐ Pines sin puntos

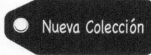

+

60 % de los productos
deben ser nuevos
por temporada.

El mensaje directo
y la nueva aventura 24/7

Con la llegada de nuevos integrantes al equipo de trabajo llegaron nuevas ideas y toda iniciativa es bienvenida, pero debe ser juzgada, ajustada, puesta en marcha y comprobada. Con esta política entramos en la aventura del "mensaje directo". Como indicamos en capítulos anteriores usamos un programa que usa los canales de comunicación de las redes sociales como pasarela de pagos, que mediante unas respuestas programadas aspira llevar al consumidor a realizar la compra, automatizando gestiones y estando disponible 24/7.

La complejidad del programa es que se debe establecer una conversación por mensaje directo para poder enganchar al posible comprador y llevarlo a la pasarela de pagos, durante la conversación se le solicitan datos y con esa información creas una orden de compra. Considerando esta dinámica pensamos que la solución para aumentar nuestra fuente de ingresos era crear un mensaje directo publicitado por Facebook.

Es decir, creamos un mensaje, lo enviamos directamente a nuestros seguidores, esperando que al responder entraran en la dinámica del programa y terminaran realizando la compra. Nuestra hipótesis era que si más gente se relacionaba con el programa directamente más ventas tendríamos.

Es sencillo, en ventas existe la teoría del embudo, la cual menciona que la responsabilidad de mercadeo es lograr atraer la mayor cantidad de personas a esa zona de interés donde están los productos de la compañía, posteriormente la tarea de los agentes comerciales es presentar los productos a tantos como sea posible, finalmente de ese porcentaje que conoció los productos son muchos menos los que logran hacer el cierre.

La acción de la venta entonces depende del volumen que lleva mercadeo, de las presentaciones de logran hacer los comerciales y eso decanta en un número inferior de cierres. Ejemplo, si mercadeo lleva 100 personas a la tienda, los comerciales solo logran atender 60 individuos personalmente, de esas presentaciones solamente 20 están interesadas en el producto y después de varias reuniones, solamente 5 terminan comprando el producto.

Nuestra teoría era que metiendo a todos en el embudo de manera directa por la dinámica del mensaje las ventas aumentaría, pero la realidad fue otra.

El consumidor no es un animal frío, no es una entidad que se deja envolver con facilidad en teorías de embudos y números, el consumidor necesita consentimientos y cariñitos.

El consumidor quiere que lo busquen, que lo esperen, que se fijen en él, que le den relevancia, que le insistan, que se esfuercen y que lo traten de manera única. Por esta razón la campaña fue un fracaso, las personas sintieron que hablaban con una máquina automática y desistieron inmediatamente, entendieron que nuestra intención era plenamente comercial y nos descartaron como intrusos indeseables en su bandeja de entrada.

Las matemáticas y los embudos describen procesos exitosos y es en la réplica de estos acontecimientos donde radica la magia del marketing, pero las experiencias deben ser únicas ya que cada cliente potencial es un nuevo descubrimiento de necesidades.

Dato de interés:

La teoría del embudo es perfecta siempre y cuando exista un esfuerzo conjunto por traer cada día más clientes,

establecer más relaciones comerciales y procurar mayores cierres.

Nuevas personas en el equipo de trabajo

Las nuevas personas en el equipo tenían tareas sencillas, la primera era hacer seguimiento a los contactos que llegaban vía digital, la segunda empacar los productos según los estándares y la tercera lograr coordinar los tiempos disponibles con los tiempos de los clientes.

En cuanto a la atención telefónica no existía ningún guión prediseñado, acción que fue un error, pues cada persona tiene maneras distintas de expresar una idea, permitiendo que cada quién hablara en el tono y con las palabras que conociera para gestionar al cliente. Olvidamos que la marca no solo se ve de una manera única, también se debe expresar de esa misma forma. La falta de protocolo de llamada nos hizo ver informales y fue necesario reconsiderar quién hace el contacto y qué dice.

En cuanto al empaque de los productos el resultado fue estupendo pues la acción se encontraba documentada y estandarizada, las cajas se veían iguales a las demás y siempre la presentación fue impecable, los flujos de procesos y demostraciones apoyaron esta labor considerablemente.

Y enfrentábamos nuestro principal reto: la logística y las fechas de las entregas se realizaban pensando en la comodidad del cliente, es decir el mensajero atravesaba toda la ciudad de ser necesario para realizar una sola entrega con tal de garantizar nuestra promesa de tiempos. No era la más rentable alternativa al tener nuevas entregas y tiempos en conflicto debíamos armar una ruta adecuada, que coincidiera con los tiempos de los interesados, dentro de un horario conveniente tanto para el manejo del tráfico, la movilidad del mensajero y la recepción de la mercancía.

Como la   gran mayoría de nuestros compradores son

empleados preferían las entregas después de las 5 pm, horario en el que el tráfico es un caos, complicando la gestión. Adicionalmente solicitaban pago contra entrega lo que aumentó el tiempo que hacía el mensajero por cada cliente, pues debe recibir dinero, entregar cambio y continuar. Por último, los costos de un mensajero en horario después de 5 pm son más altos y su rendimiento en movilidad es menor. Estas complicaciones son lo que se denomina curva de aprendizaje, es el tiempo que tardan los empleados nuevos en entender los movimientos al ingresar a una nueva empresa. El tiempo estimado de la automatización e interacción de procesos está considerado en 3 meses según el tipo de cargo, si estamos hablando de un puesto directivo o estratégico el tiempo estimado es casi de 8 meses.

Lo que nos indica que un empleado vale por lo que sabe hacer, por la velocidad con lo que lo hace y además por el porcentaje de sus acciones que satisfacen al cliente. Adicionalmente la modificación de procesos no solo requiere inversión para su desarrollo, también se debe considerar el costo de reeducar a tu personal existente para que asuma las nuevas políticas.

Dato de interés:

El argumento del dinero no es la verdadera preocupación su verdadero enemigo es el tiempo, pues este recurso no se recupera, desgasta la maquinaria y es una variable directamente relacionada a la satisfacción del cliente.

Conocimiento = Calidad y Agilidad = Tiempo.

Una estrategia de "Celebrities"

La suerte se combina con el momento y la persona exacta.

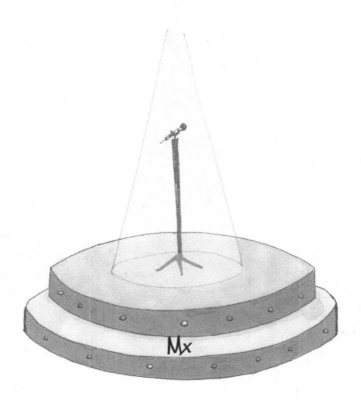

Cada día la marca tomaba más fuerza y el trabajo siempre da sus frutos, bien dice el dicho que "la suerte se reparte a las 5:00am y se otorga a los que más temprano se levantan para trabajar".

Como la marca ya contaba con el material suficiente para acercarse a otro tipo de público consideramos que el paso a seguir era llegar a alguna celebridad. Con esta firme intención iniciamos una búsqueda de personajes reconocidos a nivel nacional e internacional desde el lanzamiento de la primera colección. El medio de contacto fue las redes sociales, la intención era comentar sus fotografías e incluso enviarles mensaje directo, esperando que alguno de ellos aceptara nuestra oferta de producto como regalo, pretendiendo la posterior mención en alguno de los medios de exposición en los que ellos trabajan.

Después de varios meses de insistir, de enviar mensajes, hacer comentarios y persistir en la estrategia uno de estos personajes nos contactó, no directamente el, pero si su jefa de vestuario. Se trataba de un reconocido músico, presentador y ahora jurado de un Reality llamado "La Voz", que se transmitía a las 8pm por televisión nacional y claramente una muy buena sintonía en el que nuestra celebridad debía tener una imagen de elegancia y glamour únicos.

La comunicación era sencilla, la jefa de vestuario mencionaba que le gustaba nuestra marca y que estaba interesada en algunos de nuestros productos, principalmente las corbatas y los pines de solapa, pues la imagen que pretendía manejar para su celebridad se ajustaba perfectamente con nuestra colección.

La suerte se combinó con el momento y la persona exacta,

los productos fueron enviados y casi que como un disparo al aire nos quedamos a la espera de la mención en medios de comunicación. Las semanas pasaron y no recibíamos respuesta alguna, la esperanza se desvanecía de a poco hasta que una tarde se contactaron con nosotros, nos solicitaron el logo de la empresa y como si el destino nos tuviera reservada una sorpresa, este gran señor envuelto en elegancia, brillando con cada luz del estudio y haciendo temblar la pantalla de los televisores, salió al aire usando una de nuestras prendas, el impacto fue inmediato, nuestras redes sociales se activaron, los seguidores crecieron y el interés del público aumentó de manera general.

El éxito fue rotundo, los productos se vieron en televisión nacional, la celebridad con su apariencia impecable nos representó de manera increíble, lo seguidores en las redes aumentaron y el público interesado reaccionó, incluso algunos de nuestros seguidores que no estaban seguros de realizar alguna compra se llenaron de confianza, se interesaron nuevamente y cerraron el trato.

Ahora bien, cuantifiquemos la inversión, la celebridad solicitó varios productos por un precio de casi 90 USD, además del costo también dejamos de vender estos artículos a otros clientes y le dimos prioridad al personaje público. La retribución fue sólo monetaria, días después a la aparición en TV y la mención en redes sociales, las ventas superaron el monto obsequiado por mucho. La confianza de nuestros clientes aumentó por la exposición de la marca y otras celebridades se contactaron con nosotros para usar nuestros artículos.

Dato de interés:

La retribución monetaria es solamente una parte de la ganancia que se debe considerar cuando se hace una inversión publicitaria; además de un aumento en las

ventas, se debe lograr una mejora en el posicionamiento de marca y un crecimiento de la comunidad cautiva.

El plan perfecto: "él día del padre"

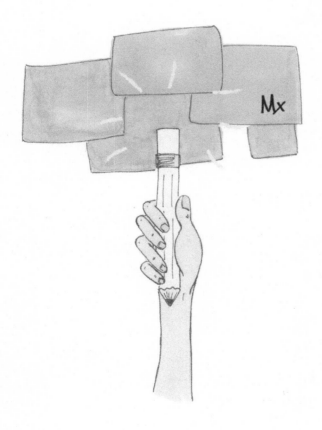

Las enseñanzas estaban interiorizadas, la necesidad de la novedad era obligatoria para la existencia de nuestro negocio y esta fue la premisa. La búsqueda de nuevos productos consumió todas nuestras energías y en el punto de no conocer más nos apoyamos en expertos.

El pedido se consolidó con la experiencia de colecciones anteriores, trayendo tendencias similares a las más vendidas de las colecciones pasadas en un 40%, y el 60% adicional era absolutamente productos nuevos, en las cantidades de productos que nos demostraron éxito anteriormente.

La gran mayoría de la nueva colección estaba compuesta por corbatas, en segunda medida venían las mancornas, seguido de los corbatines, en cuarta posición los pines de solapa y por último un nuevo producto, los pañuelos para saco.

La colección tenía fecha de lanzamiento y cuadraba perfectamente con el día del padre, que en Colombia es el segundo fin de semana del mes de junio. Las campañas publicitarias fueron diseñadas para las redes sociales con esta temática, las unidades fueron fotografiadas a tiempo y la campaña fue programada de manera exitosa. El día del padre llegó y el nivel de ventas fue el esperado. Sin embargo, la mercancía no se vendió en su totalidad y los días siguientes continuaron llegando mensajes y contactos interesados en nuestros productos, pero la campaña no se diseñó de esta manera.

Nosotros considerábamos que los días complejos de pedidos y el desgaste de los empleados se darían tres días antes de la fecha, pero realmente no sucedió, toda la complejidad sucedió el día anterior al día del padre, llevándonos al límite en cuanto a entregas y respuestas. Al resultar de esta manera dimos por entendido que los días siguientes serian muertos, que la actividad seria nula y podíamos descansar, pero la respuesta del mercado nos sorprendió nuevamente.

El lunes posterior al día del padre teníamos alrededor de 43 órdenes y solicitudes represadas de personas que continuaban interesadas en nuestros productos, pero desafortunadamente no contábamos con el personal, ni el producto para atenderlos a todos lo que nos enseñó la ley que denominamos "el eco".

Imagínese que está preparando para dar el grito más sonoro de su vida al interior de un espacio cerrado: Se prepara, alista el pecho, toma aire y lo suelta a la mayor magnitud. Después del grito, queda escuchando su propia voz por un tiempo adicional. Eso mismo le pasó a la campaña del "día del padre". La preparamos muy bien, le inyectamos mucha fuerza y la lanzamos con toda la energía posible, pero no consideramos que los días después llegaría un público rezagado que seguiría impactado por la información, y estaría interesado en comprar. Nuestra poca preparación nos impidió atenderlos a todos, perdimos clientes, demostramos incapacidad, recibimos comentarios de descontento en redes sociales y afectamos la imagen de la compañía.

Dato de interés:

Las campañas de difusión tienes 3 momentos, la preparación, su explosión, y el día después del ruido, todos deben ser considerados como trascendentales y se debe estar preparados para consolidar su mayor beneficio.

Ruido del día después

Ventas

Preparación

SuitupJuan sale del país:
Nuevo posicionamiento y nuevos retos

Este proyecto nació como una oportunidad de aplicar los conceptos aprendidos de emprendimiento para demostrar qué pasos se deben seguir para construir una empresa. Poco a poco la dinámica del mercado nos fue envolviendo con su magia y velocidad hasta atraparnos por completo y hacer de una idea de comercialización, una compañía que hoy día comercializa más de 140 unidades mensuales, genera al alrededor de 1.500 USD (4'500.000 COP) al mes y emplea a tres personas de manera parcial.

Después de casi dos años y seis meses de trabajo con recursos reducidos, sin patrocinadores, grandes inversiones, ángeles de dinero o capitales ostentosos la máquina de hacer dinero que se denomina empresa, viene poco a poco llegando a lugares cada vez más atractivos y como parte de este viaje particular llegó la oportunidad de salir del país.

Con el trabajo desarrollado de posicionamiento y creación de comunidad varios países se fueron permeando de nuestra marca, productos y forma para recomendar, argumentos de moda y tendencia. Colombia, Panamá, México y Argentina eran las fuentes de nuestros seguidores y donde las dinámicas de conversación tenían mejor prospecto, sin embargo, fue de Bolivia de donde surgió la propuesta puntal.

La empresa ya contaba con parámetros estructurados en cuanto a la operación, entonces más que vender una marca, pretendíamos comercializar un modelo de negocio que tiene tres pilares fundamentales: comercialización digital, entrega en menos de dos días y productos disponibles en categoría accesorios para hombre.

El interés por la marca no fue repentino, fue el resultado de una persona conocida que durante todo el proceso le hizo seguimiento a la empresa, la vio crecer, consolidarse y se enamoró de los productos. Además contaba con experiencia en el tema de comercialización digital y una fascinación por el concepto de estilo y moda para hombre. Adicionalmente el clima y la poca oferta de productos de estas características beneficiaban a la marca si se consideraba a Bolivia como lugar para su primera franquicia, pues era un país pequeño, de fácil entrega, con poca oferta de alternativas para hombre y con costos muy similares a los de Colombia.

La negociación se realizó vía telefónica, bajo el supuesto de la confianza entre las partes, con la intención primordial de sacar la marca del país y garantizar los beneficios para el nuevo integrante de la empresa, bajo la figura de franquicia y con los siguientes requerimientos previos a la entrega de la exclusividad de la comercialización.

1. Sondeo de mercado de al menos cinco tiendas de poder adquisitivo medio alto y alto, que vendan artículos similares con precios y fotografía.

2. Definición de zona de operación.

3. Definición de logística de entrega de mercancía.

4. Promoción mensual de minino 200 USD (600.000 COP).

5. Se piden 1000 seguidores en redes sociales antes del primer pedido, crecimiento mensual del 20% acumulado.

6. Adquisición de paquete de prueba (30 corbatas, 15 pines de tela, 10 metálicos, 10 mancornas, 15 corbatines, 85 empaques individuales) valor aproximado 650 USD (1'900.000 COP) sin incluir transporte.

7. Precio de venta, rentabilidad promedio por producto entre el 40% y el 60%.

8. Adquisición mínima de 4 pedidos al año.

9. Solo pueden vender los productos autorizados por **SuitupJuan** Colombia.

10. No se permite el registro de la marca con el mismo nombre en el país de operación.

11. Se destina un 5% de las ventas anuales como regalías a la Marca **SuitupJuan** Colombia.

12. Contrato renovable cada año.

13. Se requiere entrenamiento de una semana en la zona de operación con relación a logística de entrega, empaque, manejo digital, gestión de marca.

14. Si el distribuidor desea aumentar su paquete de compra debe mencionarlo 30 días antes del envío.

El acuerdo fue aceptado de manera bilateral entre los participantes y se inició el proceso de gestión de comunidad digital para Bolivia, pues este negocio antes de ser un tema de moda y producto, es un negocio de números y contacto con personas. En Bolivia se llevará el mismo proceso esperando que logre monetizarse la experiencia después de unos 6 meses.

Dato de interés:

Si el producto es bueno las ventas llegarán. Si el negocio se realiza de manera ordenada sobrevivirá por un año con poca competencia; si se crea una empresa y se documenta una operación, se pasará de vender productos a comercializar la forma en la que haces dinero.

El argumento de emprender

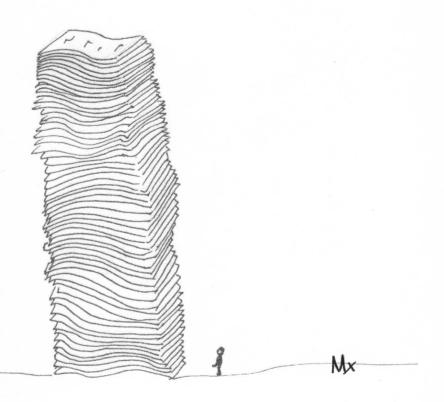

La creación de una empresa es una donación de tiempo y recursos con la esperanza de lograr consolidar una actividad comercial, su éxito depende de la calidad de los productos o servicios ofrecidos, el concepto creado alrededor de este producto, las formas de pago disponibles y los medios de entrega garantizados para su comercialización.

El tiempo es el peor enemigo de la nueva empresa, pues la cultura actual en la que todos pretendemos resultados a corto plazo y cantidades exorbitantes de dinero, nos nubla la vista y no nos permite entender que el esfuerzo y la maduración de un negocio toma tiempo y experiencia, y que la experiencia no es más sino la habilidad de conocer el resultado final por haber sido parte de ese proceso en repetidas ocasiones y este fenómeno repetitivo se consolida con los años y la edad. La paciencia será su mejor aliada y la oportunidad para construir procesos de mejora continua, pues una vez que su empresa entre en el ritmo del mercado, la dinámica de comercialización lo absorberá y no tendrá tiempo para pensar en cómo mejorar, sino se dedicará exclusivamente a ejecutar al ritmo del cliente.

El ser independiente no es trabajar para usted mismo, es entender que ahora a falta de 1 jefe, tiene tantos como clientes, que a su cargo se encuentra una familia más grande que sus padres, su esposa y sus hijos, que ahora está compuesta por sus empleados y además demanda que usted evolucione a la misma velocidad que lo hace el negocio, pues las mejores ideas de negocio se estancan debido a que sus fundadores no logran transformar sus habilidades con el tiempo.

Por último, se aclara que cada uno de los procesos se pueden acelerar involucrando más capital, mayor conocimiento y mejores personas en cada proceso, esa es la única manera de potencializar un negocio.

No crea en los consejos de Gurús de garajes y genios de opinión que se blindan en sus redes sociales, pero sin ninguna demostración real de conocimiento. A manera de recomendación considere no salir de vacaciones este verano o no comprar el ultimo celular, tarde un año más en actualizar su carro y use ese dinero para salir de dudas sobre esa gran idea de negocio que tiene. Cree ese modelo piloto de empresa o producto y vea que pasa, no se transforme en uno de esos visionarios de sillón de sala que lo supieron todo, pero siempre le han tenido miedo al riesgo y al éxito.

www.suitupjuan.com / @suitupjuan

Escrito por: Juan Pablo Mier

Notas:

$$\frac{Suitup}{Juan}$$

126

Suit up
Juan

Suitup
Juan

Suit up
Juan

129

Made in the USA
Las Vegas, NV
01 October 2021